Monika Löhnert

Nähen im Landhausstil

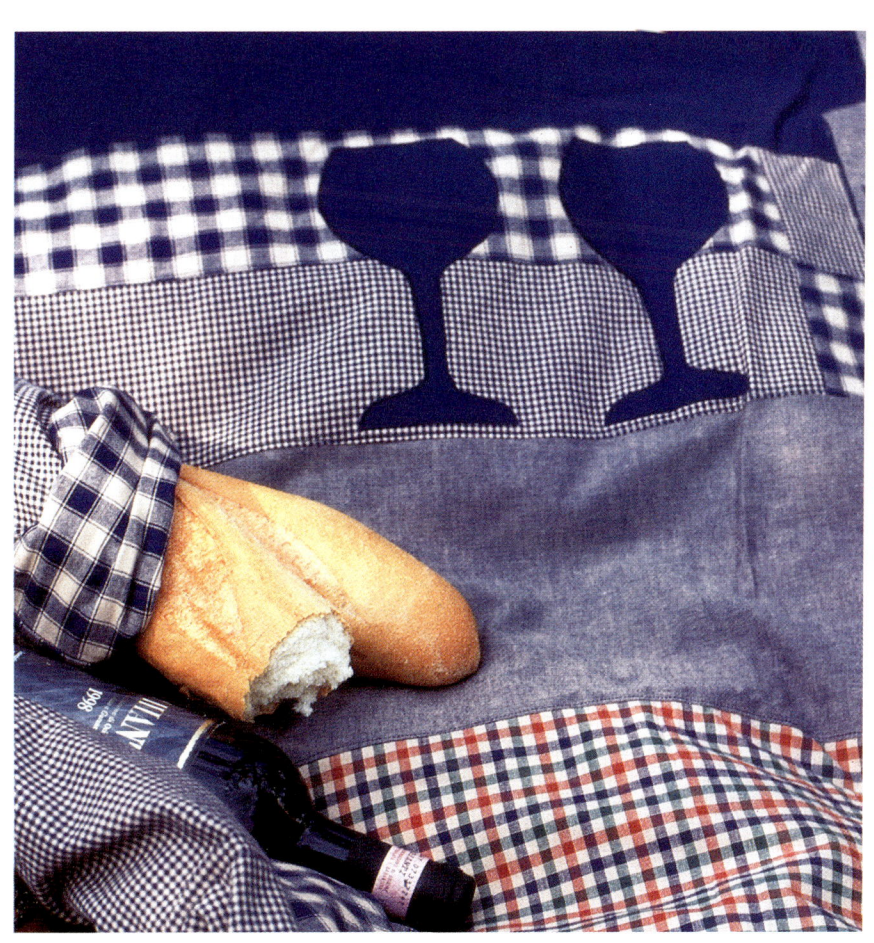

Nähen im Landhausstil

Einfache Ideen für drinnen und draußen

Monika Löhnert

AUGUSTUS

Vorwort

Die Freude am Gestalten, am Verwirklichen von eigenen Ideen, am Mischen von Farben und Mustern – von edel bis bunt – nimmt immer mehr zu. Der „neue" Landhausstil lässt viel Spielraum für individuelle Farbkombinationen.

Damit Sie beim Nacharbeiten der Modelle genauso viel Freude haben, wie ich sie beim Nähen hatte, sollten Sie eines vorweg wissen: Einige in diesem Buch vorgestellten Modelle sind „maßgeschneidert".
Das heißt, sie wurden speziell für die mir zur Verfügung stehenden Einrichtungen wie Tische, Stühle, Fenster, Betten u.s.w. genäht. Es wäre schon ein großer Zufall, wenn Ihnen die gleichen Einrichtungsgegenstände zur Verfügung stünden. Messen Sie grundsätzlich alle Modelle für Ihre Gegebenheiten neu aus. Anhand der einfachen Anleitungen wird Ihnen das Nacharbeiten leicht gelingen.

Lassen Sie sich von den im Folgenden abgebildeten Modellen inspirieren. Überlegen Sie sich neue Farbkombinationen, die sich harmonisch in das Gesamtbild von Wohnung, Balkon oder Terrasse einfügen. Bevor Sie mit der Näharbeit beginnen, beachten Sie auch das Kapitel „Technik & Material". Hier erfahren Sie praktische Anleitungen, zum Beispiel wie man ein Motiv appliziert oder wie man Kissenverschlüsse arbeitet. Sie können dann selbst entscheiden, welche Technik Sie bei Ihrem Modell anwenden möchten.

Bei der Verwirklichung Ihrer Landhaus-Ideen wünsche ich Ihnen nun viel Freude und gutes Gelingen.

Inhalt

Technik & Material

Die Nähmaschine

Für alle in diesem Buch vorgestellten Modelle reicht eine einfache Nutzstichmaschine. Sie sollte neben dem Geradstich und einem Zickzackstich auch ein paar Zierstiche und Knopflöcher nähen können. Für Steppnähte verwenden Sie den einfachen Steppfuß. Für Applikationen ist ein Applikationsfuß von Vorteil. Sie können aber auch das Füßchen für Zickzacknähte einsetzen. Wichtiger ist, dass die Nähmaschine einen sauberen Zickzackstich hat. Am besten überprüfen Sie vor jeder neuen Arbeit Stichlänge, Stichbreite und Fadenspannung. Anhand einer Nähprobe kann man das Stichbild sehr gut testen.

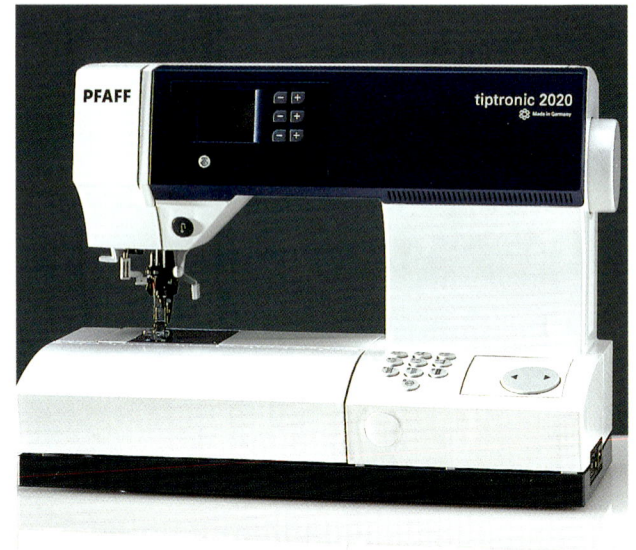

Die Overlock

Die Overlock ist eine ideale Ergänzung zur Nähmaschine. Mit ihr können Sie Kanten versäubern wie bei gekauften Textilien. Sie nähen und versäubern in einem Arbeitsgang und schneiden gleichzeitig alle überstehenden Fransen und Fäden ab.

Verwenden Sie die Overlock bei allen offenen Nähten, für die Sie ansonsten eine Steppnaht plus Versäuberungsnaht nähen müssten.

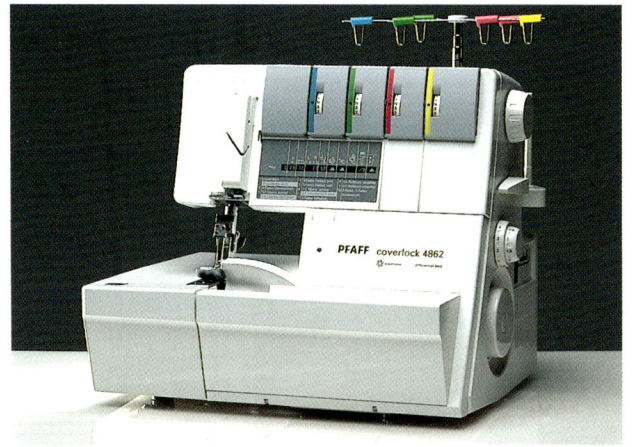

Das Garn

Verwenden Sie zum Nähen grundsätzlich einen Ober- und Unterfaden von gleicher Farbe und Qualität. Es ist ratsam, die Farbe des Nähgarns bei Tageslicht auszusuchen, denn geringe Farbnuancen sind bei Lampenlicht nur schwer zu erkennen. Im Zweifelsfall sollten Sie das Nähgarn einen Ton dunkler als den Stoff wählen. Empfehlenswert für die hier verwendeten Baumwollstoffe ist Baumwollgarn, z.B. von der Firma Amann. Somit haben Garn und Stoff die gleiche Qualität, und Sie müssen beim Bügeln nicht wegen dem Garn die niedrigere Temperatur einstellen.

Die Stoffe

Wichtig für den Erfolg beim Nähen ist die Wahl des richtigen Stoffes, denn gute Stoffqualitäten lassen sich leichter verarbeiten. Achten Sie beim Kauf auf eine gleichmäßige Gewebebindung. Die von mir verwendeten Westfalenstoffe sind 100% Baumwollstoffe, ein reines Naturerzeugnis, hergestellt ohne schadstoffhaltige oder giftige Materialien und Farben. Die Gewebe erhalten keine Ausrüstung mit Säuren oder Kunststoffen. Die Stoffe sind hautfreundlich und strapazierfähig. Das Angebot umfasst eine breite Palette von traditionellen und aktuellen Mustern und Farben für Bekleidung, Spielzeug, Heimdekoration und Textilgestaltung.

Westfalenstoffe liegen alle etwa 150,0 cm breit. Der angegebene Stoffbedarf bei den Modellen ist danach berechnet. Die einfarbigen, gestreiften oder karierten Stoffe sind durchgewebte Stoffe, d.h. sie können beidseitig verarbeitet werden. Sie brauchen also keine linke und rechte Stoffseite zu berücksichtigen. Es spielt auch keine Rolle, ob Sie den Stoff längs oder quer verarbeiten, es sei denn, Sie entscheiden sich bei einem gestreiften Stoff für einen Streifenverlauf in Längs- oder Querrichtung. Bei den Druckstoffen (z.B. dem „Männleinstoff" für das Jungenzimmer) verläuft das Muster in einer Richtung, was Sie beim Zuschnitt und bei der Verarbeitung beachten müssen: Das Muster soll ja später nicht auf dem Kopf stehen.

Für weitere Informationen wenden Sie sich an

Westfalenstoffe AG
Albrecht-Thaer-Str. 2
48147 Münster
Tel: 02 51 / 92 80 50
Fax: 02 51 / 92 80 555

Die Nahtzugabe

Die Nahtzugabe beträgt, soweit nicht anders angegeben, 0,75 cm. Das entspricht einer Füßchenbreite der gängigen Nähmaschinenfabrikate. Da Sie immer zwei gegenüberliegende Seiten nähen, berechnen Sie beim Zuschnitt eine doppelte Nahtzugabe von 1,5 cm. Daraus ergeben sich die manchmal etwas „krummen" Maße bei meinen Zuschnittangaben.

Die Saumzugaben können Sie beliebig verändern. Korrigieren Sie dann entsprechend den Zuschnitt.

Schneidetechnik

Große Erleichterung und Zeitersparnis bringt Ihnen das Zuschneiden mit dem Rollschneider bei geraden Schnittkanten. Sie benötigen dafür:

- 1 Schneidematte
- 1 Rollschneider
- 1 Lineal
  (alle Teile z.B. von der
  Firma Prym Consumer)

Sie können ohne Schwierigkeiten auch zwei oder vier Stofflagen (z.B. beim Abschneiden der Webkanten) gleichzeitig zuschneiden. Achten Sie dann darauf, daß Ihr Stoff ordentlich, möglichst fadengerade, gefaltet ist.

Bei den Streifen- oder Karostoffen sollten Sie entscheiden, ob Sie etwas langsamer und in kleineren Schritten mit dem Rollschneider arbeiten, oder ob Sie lieber zur Schere greifen. Applikationsmotive lassen sich insgesamt besser mit der Schere ausschneiden.

Markierungen

Zum Markieren der Zuschnittteile auf dem Stoff können Sie einen Trick-Marker verwenden. Die Linien verschwinden nach einiger Zeit von selbst.

Applizieren

Zeichnen Sie das gewünschte Motiv auf die Papierseite (Trägerpapier) von Vliesofix. Schneiden Sie es großzügig aus und bügeln Sie es mit der rauhen Seite nach unten auf die linke Seite des Applikationsstoffes auf. Danach schneiden Sie das Motiv exakt aus, ziehen das Trägerpapier ab und bügeln das Motiv auf den Modellstoff.

Das Applizieren mit der Maschine geht Ihnen leicht von der Hand, wenn Sie Stickvlies unter die gesamte Arbeit legen. Stellen Sie dann die Maschine auf einen engen Zickzackstich ein, die Stichbreite bestimmen Sie nach Belieben. Auf diese Weise können Sie eine saubere, sogenannte Satinstichnaht über die Motivkanten nähen. Nach dem Applizieren entfernen Sie das Stickvlies einfach durch Abreißen.

Benötigen Sie mehrmals ein Motiv, wie z. B. das Weinglas im Picknick-Programm, dann ist eine Schablone aus Pappe oder Fotokarton sehr hilfreich.

Verstürzen

Zwei Stoffteile verstürzen bedeutet: Die Teile rechts auf rechts legen und die Kanten rundum bis auf eine ausreichend große Wendeöffnung absteppen. Die Stoffteile dann durch die Öffnung wenden, sodass die rechten Stoffseiten außen liegen.

Briefecken

Das ist eine der elegantesten Eckenverarbeitungen. Diese Technik können Sie zum Beispiel

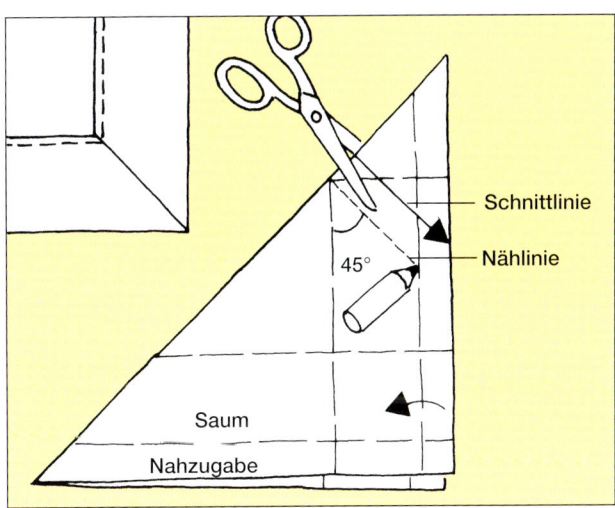

bei den Picknick-Servietten, der Weihnachtsdecke mit Sternchen und dem blaugestreiften Landhauskissen praktizieren.

Bügeln Sie zuerst die Nahtzugabe und dann die Saumbreite auf die rechte Stoffseite. Falten Sie alles wieder auf. Falten Sie dann an einer Ecke eine Diagonale, sodass die linke Stoffseite innen liegt. Markieren Sie eine Stepplinie im 45° Winkel vom gebügelten Eckpunkt aus abfallend zu den Seitenkanten. Schneiden Sie die Ecke parallel zu dieser Linie ab; Nahtzugabe stehen lassen! Steppen Sie auf der Nahtlinie. Bevor Sie zur Schnittkante hinausnähen, falten Sie die Nahtzugaben ein. Den Saumeinschlag auf rechts wenden und feststeppen.

Sie können eine Briefecke auch ohne Nahtzugabeneinschlag arbeiten: Einfach nur den Saumeinschlag einbügeln, die Ecke abnähen, auf rechts wenden und die losen Schnittkanten im Satinstich festnähen.

Kissenverschlüsse

Es gibt viele Möglichkeiten, eine Kissenhülle zu schließen. Entscheiden Sie sich für eine Verschlussart grundsätzlich vor dem Stoffzuschnitt, um den genauen Stoffverbrauch festzulegen.

Der Leistenverschluss

Für den Leistenverschluss besteht die Kissenrückseite immer aus zwei Teilen. Ein Teil wird mit der Knopflochleiste, das andere Teil mit der Knopfleiste versehen. Der Stoffverbrauch errechnet sich aus Kissenlänge + doppelte Nahtzugabe + dreifache Leistenbreite. Die Leistenbreite richtet sich nach der Knopf- und Knopflochgröße. Bügeln Sie dann jeweils zuerst die Nahtzugabe, dann einmal die Leistenbreite ein. Steppen Sie die Leistenkanten ab. Arbeiten Sie die Knopflöcher in eine der beiden Leisten ein. Legen Sie die Kissenteile (rechte Stoffseite oben) mit den Leisten gegeneinander auf; lassen Sie die Knopflochleiste die Knopfleiste exakt überlappen und nähen Sie sie entlang den Seitenkanten aufeinander. Danach klappen Sie das Rückteil rechts auf rechts kantenbündig auf das Vorderteil. Schließen Sie die übrigen Kanten und wenden Sie das Kissen auf rechts.

Den Leistenverschluss können Sie auch an einer beliebigen Stelle auf dem Rückteil arbeiten. Am besten übertragen Sie die Maße des Vorderteils auf Papier. Teilen Sie das Papier an der Stelle, wo Sie den Verschluss haben möchten. Stecken Sie die Schnittteile auf den Stoff und geben Sie beim Zuschnitt an der Verschlusskante die Nahtzugabe und Leistenbreite wie oben beschrieben hinzu. Einen Leistenverschluss können Sie zum Beispiel bei den Kissen für das Jungenzimmer oder bei den applizierten Kissen anwenden.

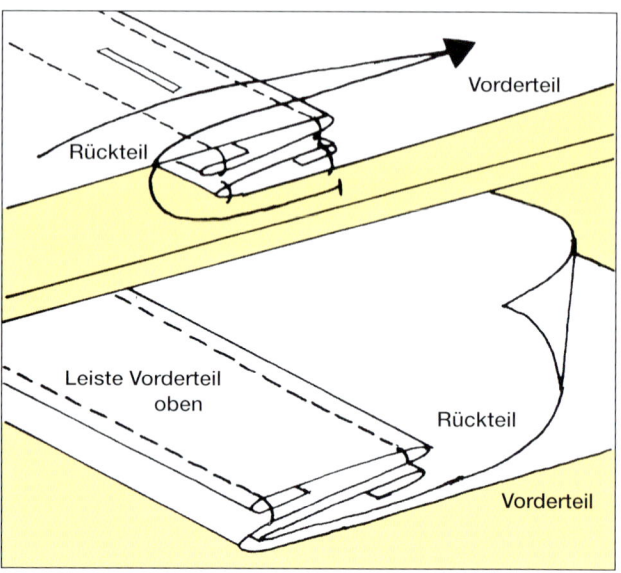

Der Hotelverschluss

Der Hotelverschluss ist ein schneller Verschluss. Man kann ihn wie den Leistenverschluss in zwei Techniken arbeiten.

Bei der ersten Technik geben Sie beim Zuschnitt des Rückteils für den Einschlag 15 bis 20 cm an der Unterkante hinzu. Arbeiten Sie dann an dieser und an der Unterkante des Vorderteils einen schmalen, doppelten Saum. Um die Kissenhülle bzw. den Bezug fertigzustellen, legen Sie das Vorderteil rechts auf rechts, an der Oberkante bündig, auf das Rückteil; lassen Sie den Einschlag an der Unterkante überstehen. Nähen Sie die nichtversäuberten Kanten zusammen. Zuletzt wenden Sie dann das Ganze auf rechts.

Bei der zweiten Technik arbeiten Sie den Hotelverschluss auf dem Rückteil. Machen Sie Schnittteile wie beim Leistenverschluss beschrieben. Geben Sie dann beim Zuschnitt an den Verschlusskanten die Nahtzugabe und 7 cm hinzu.

Säumen Sie die Kanten und legen Sie sie so übereinander, dass sie sich 14 cm überlappen.

Arbeiten Sie einen Hotelverschluss zum Beispiel bei den Kissenmodellen für das Picknick, der „Pasta im Grünen"-Serie und bei der Bankauflage für die Terrasse.

Legen Sie die Kissenteile erneut rechts auf rechts aufeinander und schließen Sie dann die übrigen Kanten.

Wie bei den anderen Verschlüssen können Sie den Reißverschluss auch auf dem Rückteil einarbeiten.

Klettband- und Schleifenverschluss

Halten Sie sich an die Anleitung wie beim Leistenverschluss beschrieben. Bei Verschlüssen mit Bändern halten Sie sich an die entsprechenden Abbildungen bzw. Hinweise in den Anleitungen; die Platzierung ist je nach Modell verschieden.

Kissenhülle mit Reißverschluss

Bei einem Kissen mit Reißverschluss berechnen sie diesen z. B. 6 cm kürzer als die fertige Kissenbreite. Geben Sie beim Stoffzuschnitt an der Unterkante 1 cm hinzu. Stecken Sie Vorder- und Rückteil rechts auf rechts, entlang der Unterkante aufeinander. Steppen Sie die Kanten an den Enden über eine Länge von 3 cm zuzüglich der Nahtzugabe zusammen. Bügeln Sie die Nahtzugaben über die gesamte Länge auseinander. Danach wenden Sie das Nähgut. Stecken und nähen Sie den Reißverschluss unter die Öffnung.

Klapptechnik

Diese Technik erspart Ihnen mühsames Wenden und Bügeln von endlos langen oder sehr schmalen Schläuchen. Sie eignet sich für alle Binde- und Schleifenbänder. Auch Gardinenschlaufen – wie zum Beispiel bei der Gardine für das Babyzimmer und beim Liegestuhlbezug – lassen sich in der Klapptechnik mühelos anfertigen.

Für eine Schlaufe berechnen Sie einmal die Länge und zweimal die Breite. Geben Sie dann rundum die Nahtzugabe dazu. Bügeln Sie entsprechend die langen Schnittkanten auf links ein. Klappen Sie dann das Teil der Länge nach kantenbündig zusammen. Entscheiden Sie selbst, ob Sie die Schlaufe nur entlang der offenen Kante schließen oder beidseitig absteppen möchten.

Bei einem Band bügeln Sie die Nahtzugaben je nach Verwendung an beiden Längskanten und einer Schmalkante oder an allen Kanten ein; die Kanten der Länge nach zusammenklappen und beliebig absteppen.

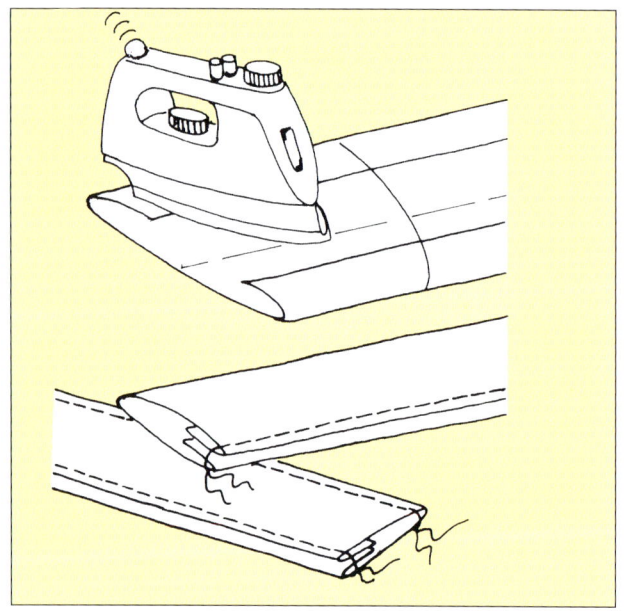

Gardinen

Keine Regel besagt, wo und wie Gardinen zu hängen haben. Aufhängemöglichkeiten gibt es genug: Von der Decke bis zum Boden auf Omas altem Gardinenstängelchen, bestückt mit Metallklammern (wie zum Beispiel beim Modell für das Jungenzimmer), mit Schlaufen, Ringen, Oesen oder Gardinenband. Möchten Sie Ihre Gardine rein zur Dekoration oder wollen Sie sie als Sicht- und Lichtschutz? Sie allein entscheiden, was Ihnen gefällt und was Sie selbst nähen können und wollen.

Bevor Sie eine Gardine nacharbeiten, bringen Sie zuerst Laufschienen, Stangen oder ähnliches an oder überzeugen Sie sich über die richtige Position der bereits vorhandenen Aufhängevorrichtung. Danach können Sie mit dem Ausmessen beginnen. Beachten Sie hierzu dann die Hinweise in den Anleitungen.
Ein kleiner Tipp vorweg: Gardinen bekommen einen schönen Fall, wenn der Saum 10 – 20 cm breit ist.

Kissen aller Art

Kissen mit bunter Umrandung

Material

- Uni-Stoffe, blau, gelb, rot und grün
- Gestreifter Stoff, blau/weiß
- Karierter Stoff, blau/weiß
  z. B. Westfalenstoffe AG
- Baumwollgarn passend zu den Stofffarben
  z. B. Amann
- Knöpfe, blau und rot

Kissen, 50 x 50 cm, mit zweifacher, bunter Umrandung

Sie benötigen ein kariertes Mittelteil von 30 x 30 cm. Die Umrandung aus Streifenstoff hat eine Breite von 7,5 cm, die einfarbigen, bunten Stoffstreifen eine Breite von 3,5 cm. Beachten Sie die Abbildung und messen Sie die gestreiften Stoffstreifen vor jeder Naht aus. Die Streifen zuschneiden, bunte Streifen dazunähen, dann am Mittelteil annähen:

1. Mit einem 30 cm langen Streifenstoff beginnen; einen roten Innenrand und einen grünen Außenrand annähen. Den so entstandenen Streifen an das Mittelteil nähen.

2. Die angrenzende Kante ausmessen und den Stoffstreifen zuschneiden; einen dunkelblauen Innenrand sowie einen gelben Außenrand annähen.

3. Der nächste Stoffstreifen erhält einen dunkelgrünen Innenrand und einen blauen Außenrand.

4. Beim letzten Streifenstoff einen gelben Innenrand und einen roten Außenrand annähen.

Die Nahtzugaben ausbügeln und mit farblich abgestimmtem Nähgarn von rechts feststeppen. Zwei Rückteile für einen Hotelverschluss schneiden und die Kissenhülle fertigstellen.

Perfekt

wird Ihr Kissen, wenn Sie die bunten Streifen etwas länger als benötigt zuschneiden. Nähen Sie die Streifen an. Bügeln Sie die Nahtzugaben auf die bunten Streifen. Schneiden Sie dann die Streifen auf passende Länge ab. Bevor Sie das Ganze am Mittelteil annähen, steppen Sie noch die Nahtzugaben von rechts fest.

Kissen, 50 x 50 cm, mit einfacher, bunter Umrandung

Schneiden Sie ein kariertes Mittelteil von 40,5 x 40,5 cm zu. Die einfarbigen, bunten Streifen haben eine Breite von 3,5 cm; die äußeren, gestreiften Randstreifen von 4,5 cm. Messen Sie die Streifenlängen vor jeder Naht aus. Nähen Sie sie dann in folgender Reihenfolge an das Mittelteil: rot, grün, gelb, blau. In gleicher Weise die äußeren Randstreifen annähen. Zwei Rückteile für einen Hotelverschluss schneiden und die Kissenhülle fertigstellen.

Kissen, 40 x 40 cm, mit Laschen

Für je eine Lasche ein Rechteck von 7,5 x 8,0 cm aus dem Streifenstoff (quergestreift) zuschneiden und zwei farbige Streifen von 3,5 x 8,0 cm links und rechts annähen. Das Laschenteil mit einem gleich großen Stoffstück abfüttern bzw. verstürzen. Die Lasche auf rechts wenden und absteppen.
Ein 20,0 x 41,5 cm großes Rechteck aus Streifenstoff sowie ein 23,0 x 41,5 cm großes Rechteck aus Karostoff zuschneiden. Karo- und Streifenstoff rechts auf rechts zusammenstecken und die Laschen dazwischenstecken. Die Naht nähen, die Nahtzugaben umbügeln, und von rechts zweimal absteppen. Die Knöpfe annähen und die Kissenhülle wie oben beschrieben fertigstellen.

Kissen, 40 x 40 cm, mit bunt gestreifter Hälfte

Schneiden Sie einundzwanzig 3,5 x 25 cm lange Streifen aus dem gestreiften und den bunten Stoffen zu. Nähen Sie die Streifen aneinander. Danach alle Nähte ausbügeln. Das bunte Streifenteil auf 21,5 x 41,5 cm zuschneiden; in gleicher Größe ein Rechteck aus kariertem Stoff schneiden. Beide Teile zusammennähen. Die Nahtzugaben zum karierten Stoffteil hin bügeln und absteppen. Die Kissenhülle wie oben beschrieben fertigstellen.

Applizierte Kissen mit Zitrone und Kürbis

Material

- Karierter Stoff, mittel-blau/hellblau
- Gestreifter Stoff, mittel-blau/hellblau
- Uni-Stoffreste, weiß, gelb, dunkelgrün, mittelgrün und orange
  z.B. Westfalenstoffe AG
- Thermolam 272
- Stickvlies
- Vliesofix
  z.B. Freudenberg
- Knöpfe in Mittelblau oder in den Farben der Applikation
- Baumwollnähgarn, gelb, weiß, dunkelgrün, mittel-grün, orange und mittelblau
  z.B. Amann

Für ein Kissen von 40 x 40 cm benötigen Sie ein Mittelteil von 41,5 x 41,5 cm aus kariertem Stoff. Bereiten Sie die Motive nach den Vorlagen auf Seite 63 vor und applizieren Sie Zitronen und Zitronenblüten bzw. Kürbis und Kürbisblüten; dabei die Stiele sowie die Einkerbungen beim Kürbis maschinell im Satinstich aufsticken. Für die Blätter zwei Stofflagen rechts auf rechts aufeinanderlegen, Thermolam darunterlegen. Sämtliche Blätter nähen (Wen-deöffnung nicht vergessen) und danach erst ausschneiden. Die Teile wenden und die Öffnung von Hand schließen. Zuerst die Blattrippen einsteppen, dann die Blätter nur am Stielansatz im Satinstich applizieren.

Für die Umrandung bzw. den Stehrand schneiden Sie zwei 6,5 x 41,5 cm und zwei 6,5 x 51,5 cm große Randstreifen aus dem gestreiften Stoff zu.

Nähen Sie die kürzeren Streifen an die Seitenkanten des Mittel-teils, dann die übrigen Streifen an Ober- und Unterkante. Das Vorderteil ausmessen und in entsprechender Größe ein Rückteil mit dekorativem Leis-tenverschluss aus dem ge-streiften Stoff arbeiten. Rückteil und Vorderteil rechts auf rechts zusammennähen und durch die Verschlussöffnung wenden. Die Naht kantig bügeln und den Stehrand absteppen.

Perfekt

werden Ihre Blätter, wenn Sie vor dem Wenden die Nahtzugaben, insbeson-dere entlang den Rundun-gen, bis zur Naht hin ein-schneiden.

Landhauskissen in Rot

Material

- Großkarierter Stoff,
  rot/grün/natur
- Gestreifter Stoff,
  rot/grün/natur
- Uni-Stoff, rot
  z.B. Westfalenstoffe AG
- Klettband
- Knöpfe, passend zu den
  Stoffen
- Baumwollnähgarn,
  natur und rot
  z.B. Amann

Kissen, 40 x 40 cm, mit gefalteter Knopfleiste

Schneiden Sie für das Mittelteil ein 41,5 x 51,5 cm großes Rechteck aus kariertem Stoff zu. Bügeln Sie eine 5,0 cm tiefe Falte mittig ein; den oberen Faltenbruch absteppen, den unteren Faltenbruch am Oberteil feststeppen. Arbeiten Sie die Knopflöcher quer zur Leistenbreite.

Danach gleich die Knöpfe annähen. Aus dem roten Stoff zwei 6,5 x 41,5 cm und zwei 6,5 x 51,5 cm große Umrandungsstreifen schneiden. Zuerst die kurzen Streifen seitlich am Mittelteil annähen, dann die übrigen Streifen an Ober- und Unterkante steppen. Die Nahtzugaben ausbügeln. Ein Rückteil, zum Beispiel mit Hotelverschluss, anfertigen, rechts auf rechts auf das Vorderteil legen und rundum zusammennähen. Das Kissen durch die Verschlussöffnung wenden und bügeln.

Zum Schluss den Stehrand rundum absteppen

Kissen, 50 x 50 cm, mit Kellerfalte und roten Bändern

Aus dem gestreiften Stoff ein Rechteck von 51,5 x 71,5 cm zuschneiden. Eine Kellerfalte mit je 5,0 cm Tiefe mittig einbügeln. Danach zwei Bindebänder aus jeweils einem 11,5 x 50,0 cm großen Stoffstreifen in der Klapptechnik nähen. Die Bindebänder einmal wie eine Ziehharmonika falten und jedes Band mittig unter einem Faltenbruch feststeppen. Die Faltenbrüche absteppen und dabei die Bänder mitfassen. Ein Rückteil mit Verschluss anfertigen, mit dem

Vorderteil verstürzen und so die Kissenhülle fertigstellen.

Kissen, 50 x 60 cm, mit roter Schleife

Aus dem gestreiften Stoff ein 51,5 x 61,5 cm großes Rechteck zuschneiden.

Für die Schleife ein Rechteck von 55,0 x 75,0 cm sowie für den Riegel ein Rechteck von 15,0 x 35,0 cm aus dem roten Stoff zuschneiden. Beim Schleifenteil die Längskanten an dem oberen und unteren Rand schmal einsäumen. Legen Sie es dann links auf rechts, an den Seiten bündig, auf das gestreifte Stoffteil.

Arbeiten Sie ein Rückteil mit Verschluss und legen Vorder- und Rückteil rechts auf rechts. Nähen Sie beide Teile zusammen – fassen Sie das Schleifenteil dabei an den Seiten mit – und wenden Sie das Ganze. Nun den Riegel in der Klapptechnik nähen. An den Enden einen Klettbandabschnitt von der Oberseite aus, das Gegenstück von der Unterseite aus aufnähen. Den Riegel um das Schleifenteil legen und die Rafffältchen in Form bringen.

Landhauskissen in Blau

Material

- Großkarierter Stoff, dunkelblau/rot/natur
- Gestreifter Stoff, dunkelblau/rot/natur
- Uni-Stoff, dunkelblau
  z.B. Westfalenstoffe AG
- Baumwollnähgarn, dunkelblau und natur
  z.B. Amann

Kissen, 40 x 40 cm, mit zwei Hüllen

Fertigen Sie zuerst eine einfache Kissenhülle aus dunkelblauem Stoff.

Für die zweite Hülle schneiden Sie aus dem karierten Stoff zwei 41,5 x 34,5 cm große Rechtecke zu. Beide Teile rechts auf rechts entlang den Schmalseiten und einer Längsseite zusammennähen. Die Kanten an der anderen Längsseite einsäumen. Vier Bindebänder aus 9,0 cm x 40,0 cm großen Stoffstreifen in der Klapptechnik anfertigen und 7,0 cm von den Seitenkanten entfernt auf die Außenseite der Kissenhülle nähen.

Kissen, 40 x 40 cm, mit Umrandung

Schneiden Sie aus dem karierten Stoff ein Mittelteil von 21,5 x 21,5 cm zu. Für die Umrandung benötigen Sie aus dem gestreiften Stoff zwei Teile von 11,5 x 21,5 cm und zwei Teile von 11,5 x 41,5 cm. Achten Sie beim Zuschneiden auf den Musterverlauf! Nähen Sie zuerst die beiden kürzeren Teile an Ober- und Unterkante des Mittelteils, dann die übrigen Teile an die Seitenkanten. Ein Rückteil mit dem gewünschten Verschluss arbeiten und die Kissenhülle fertigstellen.

Perfekt

wird Ihr Kissen, wenn Sie Ihren Streifenstoff mustergerecht an den Karostoff setzen.

Kissen, 40 x 40 cm, mit Briefecken

Schneiden Sie für das Vorderteil ein 45,5 x 45,5 cm großes Quadrat aus dem gestreiften Stoff zu. Bügeln Sie an allen Seiten die Nahtzugabe und einen 4 cm breiten Saum ein. Die Einschläge wieder aufklappen und Briefecken arbeiten wie im Kapitel „Technik & Material" auf Seite 9 beschrieben. Danach entlang dem Nahtzugabeneinschlag steppen. Fertigen Sie dann ein Rückteil mit dem gewünschten Verschluss und verstürzen Sie es mit dem Vorderteil.

Mädchenzimmer

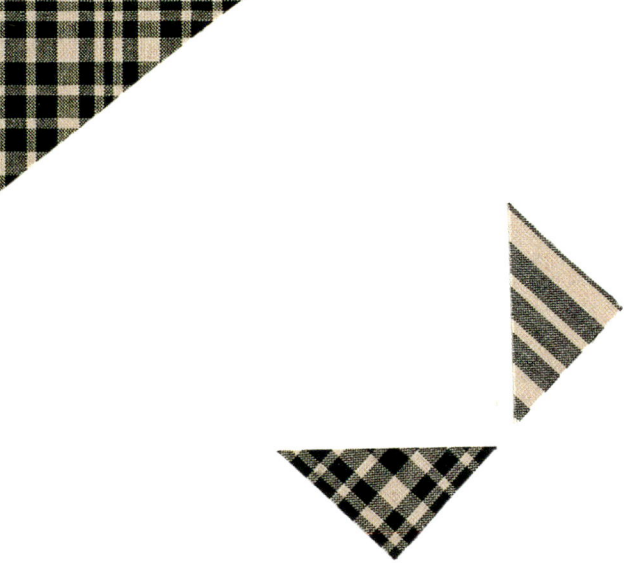

Material

- Karierter Stoff, dunkel-
  blau/natur
- Gestreifter Stoff,
  dunkelblau/natur
- Stoff, rot mit weißen
  Pünktchen
- Uni-Stoffe, natur und rot
  z.B. Westfalenstoffe AG
- Knöpfe, dunkelblau,
  beige und rot
- Baumwollnähgarn, natur,
  dunkelblau und rot
  z.B. Amann
- Dinkel-Spelzen
- DIN A 4-Ringbuchordner

Bettlaken, 240 x 150 cm

Nehmen Sie für das Laken naturfarbenen Stoff. Sie benötigen 250 cm über die gesamte Stoffbreite. Die Webkanten stehen lassen und einfach säumen, Schnittkanten doppelt einsäumen.

Kissenbezug, 80 x 80 cm

Das Ausgangsmaß für den Zuschnitt beträgt 81,5 x 81,5 cm. Wählen Sie eine Verschlussart und geben Sie entsprechend den zusätzlichen Stoffverbrauch an den Unterkanten dazu. Vorderteil und Rückteil quergestreift zuschneiden und den Kissenbezug fertigstellen.

Bettbezug, 135 x 200 cm

Schneiden Sie acht 8,0 x 34,0 cm große Schleifenbänder aus dem roten, weißgepunkteten Stoff. Arbeiten Sie die Bänder in der Klapptechnik. Schneiden Sie das Oberteil in der Größe von 136,5 x 181,0 cm aus dem karierten Stoff zu. Die Oberkante doppelt einsäumen.

Das Rückteil in der Größe von 136,5 x 232,0 cm aus dem gestreifen Stoff zuschneiden. Einen 9,0 cm breiten Besatzstreifen schneiden und im Musterverlauf rechts auf rechts an die Oberkante nähen; dabei 4 Schleifenbänder im Abstand von 30,0 cm dazwischenlegen und beim Nähen mitfassen. Den Besatzstreifen auf die linke Seite legen, die Naht kantig bügeln und zweimal absteppen. Die Nahtzugabe der losen Besatzkante einbügeln und zweimal feststeppen. Oberteil und Rückteil rechts auf rechts, an der Unterkante bündig aufeinander legen. An der Oberkante den Überstand vom Rückteil 30 cm breit zwischen die beiden Lagen einschlagen. Die Seitennähte schließen und den Bezug auf rechts wenden. Die übrigen Schleifenbänder am Oberteil aufnähen.

Rotes Kissen, 40 x 40 cm

Das Grundmaß für den Zuschnitt beträgt 51,5 x 46,5 cm; den Mehrverbrauch für den gewünschten Verschluss hinzurechnen. Vorder- und Rückteil zuschneiden und die Kissenhülle nähen. Den Stehrand an den Seiten und an der Oberkante 5,0 cm breit absteppen.

Streifenkissen, 40 x 40 cm, mit Schleife

Den Stoff quergestreift verarbeiten. Das Grundmaß für den Zuschnitt beträgt 41,5 x 41,5 cm. Zuschneiden; eventuell Verschlusszugabe hinzugeben. Dann Vorder- und Rückteil zuschneiden. 6,5 cm entlang der Oberkante nach unten abmessen und elf Knopflöcher von 3,0 cm Länge senkrecht einnähen.

Zwei Schleifenbänder von 7,0 x 43,0 cm aus rotgepunktetem Stoff zuschneiden und in der Klapptechnik nähen; die Bänder auf exakt 3,0 cm Breite arbeiten. Ein Schleifenband von links, das andere von rechts zur Mitte einfädeln und bündig auf die Seitenkanten des Vorderteils nähen. Die Kissenhülle fertigstellen und die Schleife binden.

Dinkel-Kissen, 30 x 30 cm

Für das Dinkel-Kissen nur die Dinkel-Spelzen verwenden. Dinkel-Spelzen fördern einen ruhigen Schlaf, schon wegen ihres Duftes. Durch ihre Körnigkeit passen sie sich der Kopfbewegung sehr gut an und begünstigen auch dadurch eine angenehme Schlafposition. Dinkel-Spelzen sind im Reformhaus erhältlich.
Für das rote Kissen zwei Stoffteile von 31,5 x 31,5 cm zuschneiden, rechts auf rechts legen

und die Seitennähte sowie die obere Naht schließen. Die Kissenhülle wenden und 380 Gramm Dinkel-Spelzen einfüllen. Die Nahtzugaben an der Unterkante einschlagen und mit der Nähmaschine zusammensteppen.

Für den karierten Überzug ein Rechteck von 32,5 x 55,0 cm zuschneiden. Über die Breite zur Hälfte zusammenfalten und die Seitennähte schließen. Dann die offenen Kanten 2,5 cm breit säumen.

Vier Bindebänder von 6,0 x 22,0 cm aus rotgepunktetem Stoff zuschneiden und in Klapptechnik zusammennähen. Die Bänder in gleichem Abstand in die Öffnung schieben und entlang der Saumkante festnähen. Das Dinkel-Kissen in den Überzug stecken und die Schleifen binden.

Paravent

Für das abgebildete Paraventgestell beträgt der Zuschnitt pro Bespannungsteil 116,0 x 200,0 cm.

Überprüfen Sie Breite und Höhe bei Ihrem Paravent und korrigieren Sie die Zuschnittmaße bei Bedarf: Sie benötigen dann beim Zuschnitt zweimal die Breite plus 1,5 cm Nahtzugabe und einmal die Höhe plus 1,5 cm Nahtzugabe plus 24,0 cm Einschlag an der Oberkante und 12,0 cm Einschlag an der Unterkante. Schneiden Sie ein Teil aus gestreiftem, zwei Teile aus kariertem Stoff zu. Jedes Teil in der Klapptechnik arbeiten und an den Schmalkanten je fünf Knopflöcher im Abstand von 13 cm einarbeiten; beginnen Sie in der Mitte und bestimmen Sie den Abstand zur Einschlagkante selbst. Stecken Sie ein Teil auf das Gestell und bestimmen Sie die Position der Knöpfe; die anderen Teile entsprechend anfertigen.

Bezug für einen DIN A 4-Ringbuchordner

Schneiden Sie aus dem gestreiften Stoff zwei Stoffteile von 35,0 x 96,0 cm längsgestreift zu. Die Teile rechts auf rechts legen und bis auf eine kleine Wendeöffnung rundum zusammennähen. Das Teil wenden und die Öffnung von Hand schließen. Von den Schmalseiten aus 14,5 cm für den Einschlag abmessen und markieren. In das Mittelteil achtzehn Knopflöcher von 3,0 cm Länge senkrecht einnähen.

Für das Schleifenband ein Rechteck von 7,0 x 125,0 cm Länge aus rotem Pünktchenstoff zuschneiden und auf 3,0 cm Breite in der Klapptechnik arbeiten. Die Schmalseiten wie zuvor gemessen einschlagen und entlang den Längskanten knappkantig feststeppen. Zuletzt das Band einziehen.

Jungenzimmer

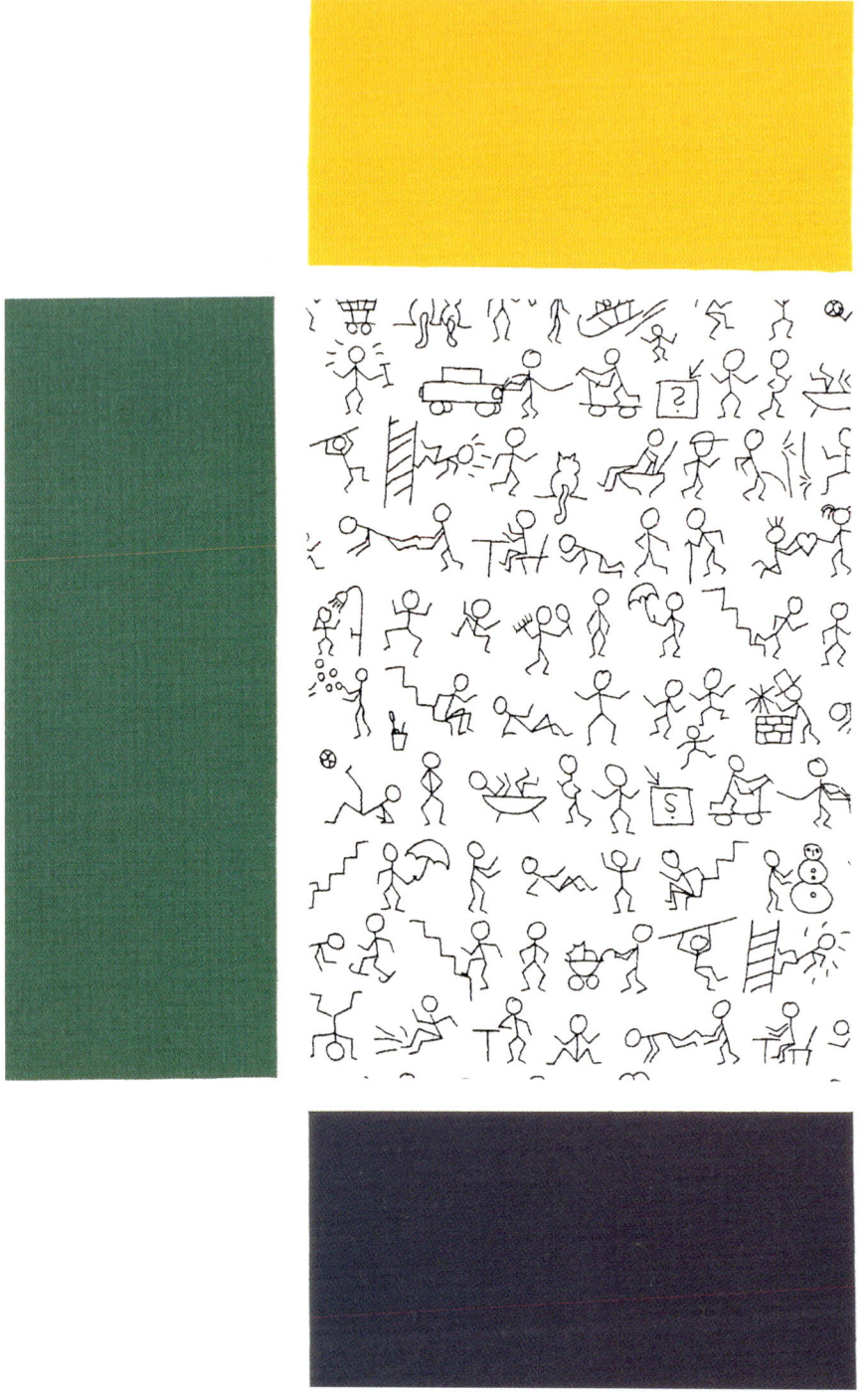

Material

- Männleinstoff, natur/dunkelblau
- Uni-Stoffe, rot, gelb, grün, dunkelblau und natur

  z.B. Westfalenstoffe AG
- Stickvlies
- Thermolam 272
- Vliesofix

  z.B. Freudenberg
- Knöpfe, dunkelblau und rot
- Baumwollnähgarn, dunkelblau, natur, rot, gelb und grün

  z.B. Amann

Bettdecke, 143 x 200 cm

Alle Stoffstreifen werden über die gesamte Stoffbreite zugeschnitten. Webkanten vorerst nicht abschneiden. Sie benötigen für das Oberteil folgende Streifen:

dunkelblau	31,5 cm
Männleinstoff	26,5 cm
rot	21,5 cm
Männleinstoff	26,5 cm
grün	21,5 cm
Männleinstoff	26,5 cm
gelb	21,5 cm
Männleinstoff	26,5 cm
dunkelblau	31,5 cm

In dieser Reihenfolge alle Streifen aneinandernähen. Die Nähte ausbügeln und absteppen. Die Webkanten abschneiden, so dass sich eine Deckenbreite von 145,0 cm ergibt.

Für das Rückteil ein Rechteck von 145,0 x 201,5 cm aus dem Männleinstoff schneiden. Thermolameinlage in derselben Größe zusammennähen, indem Sie das Thermolam Schnittkante an Schnittkante legen und mit dem größten Zickzackstich nähen.
Die Stoffe rechts auf rechts legen und die Thermolameinlage darunter legen. Die Lagen bis auf eine Wendeöffnung rundum zusammensteppen. Die Decke wenden, die Naht kantig bügeln und rundum absteppen. Acht Knöpfe, je zwei in jeden Streifen Männleinstoff, durch alle drei Stofflagen annähen; dies verhindert das Verrutschen der einzelnen Stofflagen.

Gardine, ca. 90 x 140 cm

Für eine Gardine benötigen Sie folgende Zuschnittteile; schneiden Sie sie über die gesamte Stoffbreite zu (Ausnahme ist der Männleinstoff, den Sie mustergerecht zuschneiden, d.h. Breite wie angegeben, Länge 150,0 cm):

Männleinstoff	16,0 cm
dunkelblau	13,5 cm
Männleinstoff	13,5 cm
rot oder grün	13,5 cm
Männleinstoff	13,5 cm
dunkelblau	13,5 cm
Männleinstoff	16,0 cm

Die Stoffstreifen in dieser Reihenfolge zusammennähen. Die Nähte ausbügeln und absteppen. Säumen Sie zuerst die Seiten, dann arbeiten Sie an der Unterkante einen ca. 8,0 cm breiten Saum.

Schneiden Sie ein Futterteil in gleicher Größe wie die genähte Gardine aus naturfarbigem Stoff zu. Säumen Sie das Futterteil seitlich und am unteren Rand. Beide Gardinenteile gemeinsam am oberen Rand säumen. Sie können die Gardine

Perfekt
wird Ihre Gardine, wenn das Futterteil etwas kleiner genäht wird, so dass es an keiner Stelle hinter der Gardine überstehen kann.

tionen, Knöpfen oder Ähnlichem ergänzen. Schneiden Sie dann ein Kissenvorderteil von 41,5 x 41,5 cm aus dem Männleinstoff zu. Das vorbereitete Mittelteil auf gewünschte Größe zurückschneiden und mittig auf das Vorderteil applizieren. Ein Rückteil mit gewünschtem Verschluss anfertigen und die Kissenhülle fertigstellen.

Kissen, 40 x 40 cm, mit Stehrand

Schneiden Sie das Mittelteil in einer Größe von ca. 45,0 x 45,0 cm zu. Arbeiten Sie das Motiv wie beim Kissen zuvor beschrieben. Dann das Mittelteil auf 41,5 x 41,5 cm zurückschneiden. Zwei 6,5 x 41,5 cm und zwei 6,5 x 51,5 cm große Umrandungsstreifen aus dem Männleinstoff zuschneiden. Zuerst die kürzeren Streifen an die Seitenkanten, die übrigen an die Ober- und Unterkante des Mittelteils nähen. Ein Rückteil mit gewünschtem Verschluss arbeiten und die Kissenhülle fertigstellen. Für den Stehrand durch beide Stofflagen steppen.

mit Klammern, die Sie im Fachhandel erhalten, an einer Gardinenstange aufhängen.

Kissen, 40 x 40 cm

Für die Applikation ein Mittelteil von ca. 30,0 x 30,0 cm aus dem dunkelblauen oder naturfarbigen Stoff zuschneiden. Aus dem Männleinstoff ein Motiv aussuchen und mit einem Trick-Marker von Hand auf den zugeschnittenen Stoff aufzeichnen. Stickvlies unterlegen und die gezeichneten Linien im Satinstich (breiteste Zickzackeinstellung) nachnähen. Sie können das Männchenmotiv auch mit farbigen Stoffapplika-

Perfekt

werden Ihre Männleinbilder, wenn Sie langsam nähen, so dass Sie speziell bei Rundungen ein schönes Stichbild erhalten.
Am besten eine Stickprobe vor Nähbeginn anfertigen und eventuell die obere Fadenspannung ändern!

Baby-Zimmer

Material

- Gestreifter Stoff, rot/gelb
- Gestreifter Stoff, gelb/dunkelblau
- Stoff, rot mit Kindermotiv
- Uni-Stoffe, dunkelblau, rot und maisgelb
  z.B. Westfalenstoffe AG
- Thermolam 272
- Stickvlies
- Vliesofix
- Vlieseline H 250
  z.B. Freudenberg
- Knöpfe, rot, gelb und blau
- Schrägband, gelb und rot
- Baumwollnähgarn, rot, dunkelblau und gelb
  z.B. Amann

Krabbeldecke, 80 x 100 cm

Schneiden Sie für das Mittelteil ein Rechteck von 26,5 x 71,5 cm aus dem dunkelblauen Stoff und ein Rechteck von 66,5 x 71,5 cm aus dem gelb/dunkelblau-gestreiften Stoff. Für die Umrandung aus dem roten Stoff mit Kindermotiv zwei 6,5 x 92,0 cm und zwei 6,5 x 81,5 cm große Randstreifen zuschneiden.

Einige Motive vom gemusterten Stoff auswählen (hier z. B. Schiff und Sterne) und größer auf Vliesofix nachzeichnen. Die Sterne auf den dunkelblauen, das Boot auf den gelbgestreiften Stoff applizieren; der Bootsmast ist mit der Nähmaschine aufgestickt. Nähen Sie die Stoffteile aneinander. Nun nähen Sie zuerst die beiden langen Randstreifen an die Seitenkanten. Die Nahtzugaben auf die Streifen bügeln und absteppen. Dann die übrigen Streifen an Ober- und Unterkante annähen. Die Nahtzugaben wie zuvor bügeln und absteppen.
Für das Rückteil ein Rechteck von 101,5 x 81,5 cm aus dem roten Stoff mit Kindermotiv zuschneiden. In gleicher Größe ein Rechteck aus Thermolam schneiden. Die Stoffteile rechts auf rechts legen, die Einlage darunter legen und bis auf eine Wendeöffnung rundum zusammennähen. Die Decke auf rechts wenden. Die Naht kantig bügeln und füßchenbreit absteppen.

Kissenhülle, 38 x 60 cm

Schneiden Sie aus dem rotgestreiften Stoff ein Rechteck von 61,0 cm x 88,0 cm zu und arbeiten Sie an den Schmalseiten eine 5 cm breite Knopf- und Knopflochleiste; bei einer Leiste die Knopf- löcher einarbeiten. Die Schmalseiten so einschla- gen, dass die Knopfleiste exakt über der Knopf- lochleiste liegt. Die Seitennähte schließen und die Kissenhülle auf rechts wenden. Zuletzt die Knöpfe annähen.

Bettbezug, 93 x 128 cm

Für die Vorderseite ein 95,0 x 130,0 cm großes Rechteck aus dem gelb/blau-gestreiften Stoff und für die Rückseite ein 95,0 x 160,0 cm großes Rechteck aus dem roten Stoff mit Kindermotiv schneiden. Das Vorderteil an der oberen Kante einsäumen.

Beim Rückteil eine 11,0 cm breite Knopflochleis- te an der oberen Kante arbeiten, zuvor die Leis- tenbreite mit der aufbügelbaren Vlieseline H 250 verstärken. Die Leistenkanten absteppen und die Knopflöcher in beliebigem Abstand senkrecht einarbeiten.

Die Leistenkante des Rückteils 18,5 cm auf rechts einschlagen, dann das Oberteil rechts auf rechts, an den Seitenkanten und an der Unter- kante bündig, darüber legen. An der Oberkante liegt der Überstand vom Rückenteil zwischen beiden Lagen. Die Seitennähte schließen und den Bettbezug wenden. Zuletzt die Knöpfe annähen.

Bettlaken, 147 x 200 cm

Sie benötigen vom maisgelben Stoff 203,0 cm über die gesamte Stoffbreite. Säumen Sie alle Kanten rundum ein.

Umhängetasche (Wickelunterlage)

Für die Riegel sechs 10,5 x 12,0 cm große Rechtecke aus gelb/blau-gestreiftem Stoff sowie sechs 4,0 x 11,0 cm große Rechtecke aus Thermolam zuschneiden. Arbeiten Sie 4,0 cm breite Riegel in der Klapptechnik; dabei die Einlage mit einnähen; jeweils an einem Ende ein Knopfloch einarbeiten.

Ein 61,5 x 145,0 cm großes Futterteil aus dem gelb/blau-gestreiften Stoff und ein ebenso großes Außenteil aus dem roten Stoff mit Kindermotiv zuschneiden; in gleicher Größe eine Thermolameinlage schneiden. Die Stoffe rechts auf rechts legen und die Einlage darunter legen. Jeweils drei Riegel entlang den Längskanten in die Naht einschieben: Für die Position der Riegel messen Sie von einer Schmalkante aus 20,5 cm und 50,0 cm ab; platzieren Sie jeweils einen Riegel mittig an diesen Stellen. Die übrigen beiden Riegel platzieren Sie jeweils dazwischen. Das Ganze bis auf eine Wendeöffnung rundum abnähen. Das Teil auf rechts wenden und rundum füßchenbreit absteppen; die Öffnung zuvor von Hand schließen. Um die kleinen Einstecktaschen zu erhalten, die Schmalkanten 17,5 cm auf die Tascheninnenseite einschlagen und seitlich in der Naht festnähen. Danach einzelne Taschenkammern absteppen.

Für die Träger zwei 12,0 x 70,0 cm große Rechtecke aus rotgestreiftem Stoff sowie ein 4,0 x 68,0 cm großes Rechteck aus Thermolam zuschneiden. Die Träger mit eingelegtem Thermolam in der Klapptechnik arbeiten. Um dem Träger mehr Stabilität zu geben, beträgt die Nahtzugabe hier ausnahmsweise 2 cm. Steppen Sie die Träger direkt im Anschluss an die Eingriffskanten der Taschenkammern mittig auf. Die Tasche zusammenklappen. Die Position der Knöpfe bestimmen und diese annähen.

Die komplett aufgeknöpfte Tasche kann man gleichzeitig auch als Wickelunterlage nützen.

Kleine Tasche mit Eisenbahn

Ein Innenteil von 36,0 x 60,0 cm aus dem roten Stoff mit Kindermotiv, in gleicher Größe ein Außenteil aus dem rotgestreiften Stoff sowie eine Thermolameinlage zuschneiden. Außerdem 3,5 cm breite Schrägbänder schneiden: zwei 36,0 cm lange aus rotem und zwei 42,0 cm lange aus gelbem Stoff.

Ein Motiv (hier zum Beispiel die Eisenbahn) im Stoff mit Kindermotiv suchen und vergrößert auf Vliesofix abzeichnen. Das Motiv an einer Schmalseite des gestreiften Stoffes aufapplizieren. Gestreifter Stoff, Thermolam und gemusterter Stoff in dieser Reihenfolge aufeinander legen und knappkantig maschinell mit großen Stichen zusammennähen. Beide Schmalseiten mit dem roten Schrägband einfassen. Die Schmalseite ohne Motiv 21,0 cm einschlagen und die Längskanten mit dem gelben Schrägband einfassen. Einen Klettbandverschluss anbringen. Wenn Sie ein Motiv mit Rädern ausgesucht haben, bringen Sie diese in Form von Knöpfen auf.

Perfekt

wird die Einfassung, wenn Sie das Schrägband zuerst vom Außenteil aus mit der Nähmaschine annähen und die Einschlagkante auf der Innenseite mit Handstichen annähen.

Baby-Gardine mit Rückteil, ca. 120 x 200 cm

Schneiden Sie für das Vorderteil Quadrate und Rechtecke in unten angegebener Größe aus unterschiedlichen Stoffen zu:

1. Reihe	Länge	45,0	45,0	45,0 cm
	Breite	45,0	41,5	45,0 cm
2. Reihe	Länge	41,5	41,5	41,5 cm
	Breite	45,0	41,5	45,0 cm
3. Reihe	Länge	41,5	41,5	41,5 cm
	Breite	45,0	41,5	45,0 cm
4. Reihe	Länge	41,5	41,5	41,5 cm
	Breite	45,0	41,5	45,0 cm
5. Reihe	Länge	45,0	45,0	45,0 cm
	Breite	45,0	41,5	45,0 cm

Die einzelnen Teile haben fertig genäht eine quadratische Form. Die unterschiedlichen Zuschnittmaße ergeben sich durch die Saumzugaben an den Seitenkanten sowie an Ober- und Unterkante je nach Lage des Quadrats.

Legen Sie die Zuschnittteile in angegebener Reihenfolge auf. Verschiedene Motive vom gemusterten Stoff auswählen und größer auf Vliesofix nachzeichnen. Die Motive vorbereiten und beliebig auf die Vierecke applizieren. Die Vierecke in Reihen zusammennähen. Dann Reihe an Reihe nähen. Danach an den Seiten und an der Unterkante einen 2 cm breiten doppelten Saum arbeiten. Das Vorderteil ausmessen und ein gleich großes Futterteil aus unifarbenem Stoff schneiden. Seitlich und am unteren Rand einen 3 cm breiten, doppelten Saum arbeiten; so kann das Futter beim Dekorieren hinter dem Vorderteil nicht hervorragen.

Für die Aufhängung sechs Schlaufen nähen. Dafür sechs 20,0 x 26,0 cm große Rechtecke aus dem rotgestreiften Stoff schneiden und die Längsseiten in der Klapptechnik zusammennähen.

Rückteil und Vorderteil rechts auf rechts, an der Oberkante bündig aufeinander legen. Die Schlaufen dazwischen schieben. Alle Lagen mit 2 cm Nahtzugabe entlang der Oberkante zusammennähen. Die Gardine auf rechts wenden, die Naht kantig bügeln und zweimal absteppen.

Perfekt

Ihre Gardine leuchtet bei Lichteinfall in besonders warmen Farben, wenn Sie sich für ein Rückteil aus rotem Stoff entscheiden.

Balkon

Material

- Karierter Stoff, grün/blau
- Gestreifter Stoff, grün/blau
- Uni-Stoffe, blau, grün und pink
  - z.B. Westfalenstoffe AG
- Thermolam 272
- Vliesofix
- Stickvlies
  - z.B. Freudenberg
- Klettband
- Baumwollnähgarn, pink, grün und blau
  - z.B. Amann
- Karton für die Schablone

Tischdecke, 100 x 140 cm

Schneiden Sie zwei längsgestreifte Rechtecke von 53,0 x 73,0 cm sowie zwei quergestreifte Rechtecke von 53,0 x 73,0 cm aus dem Streifenstoff zu. Die Teile musterversetzt zusammennähen und die Decke entlang den Außenkanten schmal säumen.

Drei Quadrate in Grün und ein Quadrat in Blau in einer Größe von ca. 12,0 x 12,0 cm zuschneiden. Schablone nach Vorlage auf Seite 62 für die Blüte anfertigen und auf Vliesofix übertragen. Vier Blütenmotive vorbereiten und jeweils eines auf ein Quadrat applizieren. Dann die Quadrate in unterschiedliche Größen zurückschneiden und auf die Decke applizieren.

Sitzdeckchen für den Stuhl (Sitzfläche 40 x 30 cm)

Aus dem karierten Stoff zwei Quadrate von 56,5, x 56,5 cm und in gleicher Größe eine Thermolameinlage zuschneiden. Beide Stofflagen aufeinander und die Einlage darunter legen. Die Lagen rundum zusammennähen. Eine Ecke diagonal auf 40,0 cm Länge – dies entspricht der Sitzflächenbreite – abschneiden. Das Deckchen wenden, die Schnittkanten nach innen schlagen und rundum absteppen.

Für die Bindebänder vier Streifen von 7,0 x 50,0 cm aus dem pinkfarbigen Stoff zuschneiden. Jedes Band in der Klapptechnik zusammennähen und an der diagonalen Kante aufsteppen.

Bezug für die Stuhllehne (Breite 41,5 cm)

Aus dem Streifenstoff zwei Rechtecke von je 19,0 x 45,0 cm und aus Thermolam ein Rechteck von 18,0 x 45,0 cm zuschneiden. Für die Schleife benötigen Sie aus dem grünen oder blauen Stoff ein Rechteck von 16,0 x 47,0 cm; säumen Sie die Längskanten ein.

Legen Sie die Rechtecke an der Oberkante und den Seitenkanten bündig wie folgt aufeinander: Einlage, Streifenstoff, Schleife (linke Seite oben), Streifenstoff (linke Seite oben). Steppen Sie entlang den Seitenkanten und der Oberkante ab. Das Teil wenden, so dass die gestreiften Teile außen liegen. Die Öffnung, die sich dadurch ergibt, an der Unterkante einsäumen.

Arbeiten Sie für die Schleife einen Riegel aus einem 13,0 x 21,0 cm großen Rechteck aus pinkfarbigem Stoff in der Klapptechnik. Auf beiden Seiten das Klettband aufnähen und das Schleifenteil mit dem Riegel zusammenraffen.

Servietten

Für eine Serviette schneiden Sie zum Beispiel aus dem karierten Stoff ein 42,0 x 42,0 cm großes Quadrat zu. Einen blauen, 5,0 x 42,0 cm großen Stoffstreifen mit längsseitigem Kanteneinschlag auf die Serviette steppen. Danach die Serviette rundum säumen. Wählen Sie für jede Serviette eine andere Farb- und Musterkombination aus.

Wandbehang

Schneiden Sie je ein Rechteck von 29,0 x 79,0 cm aus dem karierten und dem grünen Stoff und ein 28,0 x 79,0 cm großes Rechteck aus Thermolam zu. Beide Stoffe aufeinander und die Einlage darunter legen.
Für die Schlaufen schneiden Sie fünf Rechtecke von 12,0 x 18,0 cm aus dem grünen Stoff zu. Außerdem fünf Rechtecke von 4,0 x 16,0 cm aus Thermolam zuschneiden. Die Schlaufen in der Klapptechnik vorbereiten, Thermolam einlegen und rundum absteppen.
Die Schlaufen im Abstand von 13 cm entlang der Oberkante des Wandbehangs zwischen die Stoffteile legen. Dann alle Lagen entlang den Seitenkanten und der Oberkante aufeinander nähen. Den Wandbehang auf rechts wenden, die Unterkanten ca. 1,0 cm nach innen schlagen, schließen und alle Kanten absteppen.

Für eine Tasche schneiden Sie zwei Rechtecke von 15,0 x 19,0 cm aus dem blauen Stoff und ein 15,0 x 18,0 cm großes Rechteck aus Thermolam zu. Applizieren Sie eine rosa Blüte auf einem blauen Stoffteil (siehe „Tischdecke"). Die Stoffteile rechts auf rechts legen und die Einlage darunter legen. Die Seitennähte und die untere Naht schließen. Die Tasche auf rechts wenden. Die Oberkanten nach innen schlagen und zusammensteppen.

Auf diese Weise drei weitere Taschen anfertigen: Die Taschen dann auf den Wandbehang stecken und im Steppstich an drei Seiten aufnähen.

Terrasse

Material

- Buntkarierter Stoff
- Uni-Stoffe, mittelblau, gelb, orange und grün
  z.B. Westfalenstoffe AG
- Thermolam 272
  z.B. Freudenberg
- Baumwollnähgarn, gelb, orange, mittelblau und grün
  z.B. Amann
- Parkakordel, gelb
- Oesen

Große Tischdecke, 184 x 184 cm

Für das Mittelteil ein Quadrat von 146,5 x 146,5 cm aus dem karierten Stoff zuschneiden. Für die Umrandung zwei 21,5 x 146,5 cm große Rechtecke aus grünem Stoff und zwei 21,5 x 187,0 cm große Rechtecke aus blauem Stoff zuschneiden (für die langen, blauen Randstreifen kann man auch vier 21,5 x 94,5 cm große Rechtecke schneiden und je zwei zu einem Streifen zusammennähen). Zuerst die grünen Randstreifen an zwei sich gegenüberliegenden Kanten des Mittelteils nähen. Die Nahtzugaben zum Randstreifen bügeln und absteppen. Danach die blauen Streifen an die anderen Kanten nähen und wie zuvor absteppen. Die Decke rundum säumen.

Kleine Tischdecke, 139 x 139 cm

Für das Mittelteil ein 121,5 x 121,5 cm großes Quadrat aus kariertem Stoff zuschneiden. Für die Umrandung zwei 11,5 x 121,5 cm große Rechtecke aus gelbem Stoff und zwei 11,5 x 144,5 cm große Rechtecke aus orangefarbenem Stoff zuschneiden. Nähen Sie die Decke wie bei der großen Tischdecke beschrieben.

Rückenkissen, 50 x 60 cm, für die Bank

Schneiden Sie pro Kissen ein Rechteck von 61,5 x 118,0 cm aus beliebig unifarbenem Stoff zu. Zuerst beide Schmalseiten säumen. Dann die Schmalseiten auf rechts einschlagen, sodass sich die versäuberten Kanten 15 cm überlappen. Die Seitennähte schließen und die Kissenhülle auf rechts wenden.

Decke für viersitzige Bank

Sie benötigen vom karierten Stoff eine Länge von 280,0 cm über die gesamte Stoffbreite. Säumen Sie nur die Schnittkanten. Arbeiten Sie zwei Schleifenbänder aus 145,0 x 22,0 cm großen Stoffrechtecken in der Klapptechnik.
Diverse Sitzkissen auf die Bank legen und in die Decke einschlagen. Den Überstand seitlich mit Hilfe der Schleifenbänder zusammenraffen. Die Schleifen dekorativ binden.

Kissen für die Stühle, 40 x 40 cm

Bereiten Sie pro Kissen vier Bindebänder vor: Entsprechend 5,0 x 30,0 cm große Rechtecke aus kariertem Stoff zuschneiden. Jedes Band in der Klapptechnik arbeiten. Danach an einem Ende einen Knoten machen.

Für eine Kissenhülle ein 41,5 x 81,5 cm großes Rechteck aus unifarbigem Stoff zuschneiden. Aus dem karierten Stoff zwei 41,5 x 12,0 cm große Belegstreifen zuschneiden und an beide Schmalseiten der Kissenhülle nähen: Die Streifen links auf links legen, die Bindebänder dazwischen schieben und absteppen; die lose Kante auf rechts umschlagen, einbügeln und absteppen. Die Hülle rechts auf rechts zur Hälfte zusammenlegen und die Seitennähte schließen.

Liegestuhlbezug

Messen Sie Ihren Liegestuhl aus, überprüfen Sie die Maße und korrigieren Sie die Zuschnittmaße bei Bedarf. Schneiden Sie dann für das Geflecht folgende Teile zu:

10 Streifen	11,0 x 124,0 cm	für die Längsbänder
28 Streifen	11,0 x 45,0 cm	für die Querbänder
10 Streifen	4,0 x 122,0 cm Thermolam 272	
28 Streifen	4,0 x 43,0 cm Thermolam 272	

Arbeiten Sie alle Bänder in der Klapptechnik und legen Sie vor dem Absteppen die Thermolameinlage dazwischen. Achten Sie darauf, dass alle fertig genähten Bänder eine Breite von 4,5 cm haben. Die kurzen Bänder sehr dicht in die langen Bänder einflechten. Das Geflecht an der Oberkante mit kräftigen Nadeln zusammenstecken und auch zwischendurch immer wieder mit Nadeln fixieren. Wenn alle Bänder exakt miteinander verflochten sind, wird das gesamte Geflecht zusammengesteppt. Bei allen Längsbändern entweder die rechte oder die linke Kante, bei allen Querbändern entweder die obere oder die untere Kante absteppen.

Für das Fußteil benötigen Sie folgende Zuschnitte:

10 Streifen	11,0 x 60,0 cm	für die Längsbänder
13 Streifen	11,0 x 45,0 cm	für die Querbänder
10 Streifen	4,0 x 58,0 cm Thermolam 272	
13 Streifen	4,0 x 43,0 cm Thermolam 272	

Arbeiten Sie das Geflecht wie beim Liegestuhlbezug beschrieben.

Für die Befestigung lassen Sie die Oesen vom Sattler oder im Markisenfachgeschäft einschlagen. Verwenden Sie eine Parkakordel, um den neuen Bezug zu befestigen.

Perfekt

wird Ihr Liegestuhl, wenn Sie beim Flechten nicht die Geduld verlieren und immer wieder nachregulieren. Es ist ratsam, eine Probestanzung vom Sattler machen zu lassen, damit auch wirklich die richtigen Oesen verwendet werden. Hierzu zwei kurze Probestreifen anfertigen und über Kreuz zusammennähen.

Picknick

Material

- Großkarierter Stoff, blau/natur
- Kleinkarierter Stoff, blau/natur
- Karierter Stoff, blau/rot/grün/natur
- Gestreifter Stoff, blau/rot/grün/natur
- Uni-Stoffe, blau, grün, rot und dunkelblau
  z.B. Westfalenstoffe AG
- Baumwollkordel, dunkelblau
- Knöpfe, dunkelblau
- Thermolam 272
- Stickvlies
- Vliesofix
  z.B. Freudenberg
- Baumwollnähgarn, dunkelrot und dunkelblau
  z.B. Amann
- Karton für Schablonen

Picknickdecke, ca. 150 x 150 cm

Arbeiten Sie die Decke mit allen aufgeführten Stoffen. Für die Vorderseite benötigen Sie sieben Stoffstreifen von 21,5 cm und zwei Streifen aus beliebigen Stoffen von 11,5 cm Länge über die gesamte Stoffbreite. Nähen Sie die 11,5 cm breiten Streifen an einer Längskante zusammen; das Teil der Breite nach halbieren und musterversetzt wieder zusammensetzen. Gestalten Sie alle anderen Streifen beliebig dazu bzw. nähen Sie sie aneinander. Die Nähte in eine Richtung bügeln und von rechts knapp neben der Naht feststeppen.

Bestimmen Sie die Anzahl der Motive (Flaschen und Gläser). Fertigen Sie nach den Vorlagen auf Seite 62/63 Schablonen an und applizieren Sie diese. Danach schneiden Sie die Webkanten seitlich am Oberteil ab. Für die Umrandung benötigen Sie 6,5 cm breite Streifen aus dem roten Stoff. Durchschnittsmaß von Länge und Breite der Vorderseite ermitteln. Streifen entsprechend zuschneiden und aufnähen. Die Nahtzugaben zum Rand bügeln und absteppen.

Nun das gesamte Oberteil ausmessen und in entsprechender Größe die Thermolameinlage sowie ein Rückteil aus dunkelblauem Stoff zuschneiden. Legen Sie beide Stofflagen rechts auf rechts aufeinander und die Einlage darunter (nicht dazwischen!). Nähen Sie die Lagen bis auf eine Wendeöffnung rundum zusammen. Die Decke auf rechts wenden und den Rand absteppen.

Perfekt

wird Ihre Decke, wenn Sie die Streifen und Applikationsmotive vor Nähbeginn in gewünschter Anordnung auflegen. Nähen Sie dann nur die Streifen aneinander, die eine Applikation bekommen sollen. Auf diese Weise haben Sie beim Applizieren nicht so viel Stoff unter der Nähmaschine. Danach nähen Sie die übrigen Streifen dazu.

Stoffteile rechts auf rechts aufeinander und die Einlage darunter. Nähen Sie die Lagen bis auf eine Wendeöffnung rundum zusammen. Das Teil auf rechts wenden und die Wendeöffnung von Hand schließen. Falten Sie die Schmalseiten 17 cm zur Mitte hin ein und klappen Sie das Ganze zur Hälfte zusammen. Nähen Sie zwei Riegel aus 7,0 x 12,0 großen, roten Stoffrechtecken in der Klapptechnik. Arbeiten Sie jeweils an einem Ende das Knopfloch. Die Riegel über die vordere Taschenöffnung legen, sodass das Knopflochende auf der Oberseite liegt; das andere Ende auf der Unterseite feststecken. Die Tasche aufklappen, die Riegel aufnähen und das gewünschte Motiv applizieren (siehe „Picknickdecke"). Danach die Schmalseiten wie zuvor einfalten. Das gesamte Teil rundum absteppen. Vier Kammern auf dem Teil mit den Riegeln durch Steppnähte abgrenzen. Knöpfe annähen.

Bestecktasche

Sie können die Bestecktasche aus kleinkariertem und großkariertem Stoff in Blau/Natur oder bunt arbeiten. Für eine Tasche benötigen Sie zwei 85,0 x 25,0 cm große Stoffrechtecke und in gleicher Größe eine Thermolameinlage. Legen Sie die

Servietten

Wählen Sie einen kleingemusterten oder unifarbigen Stoff. Schneiden Sie pro Serviette ein 45,0 x 45,0 cm großes Quadrat. Arbeiten Sie Briefecken wie im Kapitel „Technik & Material" auf Seite 9 beschrieben.

Perfekt

sieht die Tasche auch in einem versetzten Mustermix aus: Schneiden Sie aus zwei verschieden gemusterten Stoffen jeweils zwei 85,0 x 13,0 große Rechtecke zu. Nähen Sie jeweils zwei verschiedene Streifen aneinander. Danach nähen Sie die Tasche wie oben beschrieben.

Brot- oder Brötchen- und Baguettebeutel

Für die abgebildeten Beuteln wurde kleinkarierter und großkarierter Stoff verwendet.

Schneiden Sie für den Brotbeutel ein Rechteck von 47,0 x 110,0 cm aus beiden Stoffen zu.

Umhängetasche

Verwenden Sie die gleichen Stoffe wie für die Picknickdecke. Sie benötigen acht 21,5 x 71,5 cm große Stoffstreifen. Das Endmaß des Mittelteils beträgt 71,5 x 161,5 cm. Arbeiten Sie das Teil wie bei der Picknickdecke beschrieben. Danach sechs Riegel aus 13,5 x 24,0 cm großen Stoffrechtecken in der Klapptechnik anfertigen und jeweils an einem Ende ein Knopfloch einarbeiten. Für die Träger zwei 12,0 x 79,0 cm große Stoffstreifen sowie zwei 5,0 x 75,0 cm große Rechtecke aus Thermolam zuschneiden. Arbeiten Sie die Träger in der Klapptechnik und legen Sie vor dem Absteppen die Einlage dazwischen. Falten Sie die Schmalseiten soweit ein, dass Sie die Decke als Tasche gut tragen können. Platzieren Sie die Riegel über den Seitenkanten und die Träger im Bereich der Einschlagkanten; stecken und nähen Sie sie auf. Zuletzt die Knöpfe annähen. Danach die Tasche einfalten und zuknöpfen.

Kissen, 40 x 40 cm

Verwenden Sie blaue, dunkelblaue und buntgestreifte Stoffe. Berechnen Sie beim blauen und gestreiften Stoff für das Vorderteil zwei Zuschnitteile von 21,5 x 41,5 cm; für das Rückteil ein Teil von 41,5 x 41,5 cm. Geben Sie noch den Stoffverbrauch für zum Beispiel einen Hotelverschluss hinzu. Die Vorderteile zusammennähen, die Nahtzugaben auf eine Stoffhälfte bügeln und von rechts feststeppen. Danach das gewünschte Motiv applizieren (siehe „Picknickdecke", Seite 50). Den Verschluss arbeiten und die Kissenhülle fertigstellen.

Falten Sie jedes Zuschnittteil der Breite nach zur Hälfte zusammen. Schließen Sie die Seitennähte und bügeln Sie sie aus. Bestimmen Sie das äußere Beutelteil und arbeiten Sie je ein Knopfloch links und rechts von einer Seitennaht ein: Mittig ab Oberkante 3 – 4 cm nach unten hin abmessen und ein ca. 2 cm langes Knopfloch parallel zur Kante arbeiten. Die Beutelteile ineinander stecken, die Oberkanten gegeneinander einschlagen und zusammensteppen. Für den Tunnel, ober- und unterhalb der Knopflöcher erneut eine Steppnaht arbeiten. Durch die Knopflöcher eine Kordel in den Tunnel einziehen.

Für den Baguettebeutel schneiden Sie zwei 27 cm breite Stoffstreifen über die gesamte Stoffbreite. Lassen Sie die Webkante stehen und arbeiten Sie den Beutel wie oben beschrieben.

Pasta-Essen im Grünen

Material
- Karierter Stoff, rot/weiß
- Gestreifter Stoff, rot/weiß
- Stoff, rot mit weißen Blättern
- Stoff, weiß mit roten Blättern
- Uni-Stoff, rot

  z.B. Westfalenstoffe AG
- Stickvlies
- Vliesofix

  z.B. Freudenberg
- Karton für die Schablonen
- Baumwollnähgarn, rot

  z.B. Amann

Zwei Unterdecken, 146 x 230 cm, einfarbig

Die Angaben für die Tischdecken beziehen sich auf eine Tischgröße von 80,0 x 140,0 x 74,0 cm (L x B x H). Sie benötigen vom roten Stoff zweimal die Länge von 230,0 cm plus Saumzugaben in gesamter Stoffbreite. Decke rundum, auch entlang den Webkanten, doppelt säumen.

Pasta-Tischdecke, 100 x 160 cm, mit Sets

Schneiden Sie für die Decke ein Rechteck von 100,0 x 160,0 cm plus Saumzugaben aus dem gestreiften Stoff (längsgestreift) zu. Säumen Sie es rundum ein.
Pro Set ein 31,0 x 41,0 cm großes Rechteck quergestreift zuschneiden. Schablone für den großen Löffel nach Vorlage auf Seite 62 arbeiten. Das Löffelmotiv aus dem roten Stoff vorbereiten und auf die Sets applizieren. Dann die Sets auf die Tischdecke applizieren; für die exakte Position legen Sie die Decke zuvor auf den Tisch und stecken die Sets auf.

Tischdecke, 100 x 160 cm, mit Blüte

Aus dem gestreiften Stoff zwei quergestreifte Rechtecke von 50,0 x 80,0 cm plus Naht- und Saumzugaben sowie in gleicher Größe zwei Rechtecke aus dem karierten Stoff zuschneiden. Die vier Stoffteile musterversetzt zusammennähen; nach jeder Naht die Nahtzugaben in eine Richtung bügeln und absteppen. Danach die Decke rundum säumen.

Für Blütenblatt und Blütenmittelpunkt Schablone nach Vorlage auf Seite 62 anfertigen. Jeweils drei Blütenblätter aus jedem der gemusterten Stoffe sowie einen dicken Mittelpunkt in Rot mit Vliesofix vorbereiten. Die Blüte auf der Decke arrangieren und mit Zierstichen (gegebenenfalls von Hand) applizieren.

Servietten

Pro Serviette ein 50,0 x 50,0 cm großes Quadrat aus dem roten Stoff zuschneiden. Arbeiten Sie Briefecken mit einem Saumeinschlag von ca. 4,0 cm und nähen diesen mit Zierstichen (gegebenenfalls von Hand) fest.

Landhausschürze

Vom karierten Stoff benötigen Sie eine Länge von 110,0 cm über die gesamte Stoffbreite. Beide Webkanten abschneiden und die Seitenkanten schmal säumen. Dann an der Unterkante einen 4,5 cm breiten Saum arbeiten. Nähen Sie im Anschluss an die Saumbreite eine 2,0 cm tiefe Biese. Schneiden Sie vom roten Stoff mit weißen Blättern ein Rechteck von 100,0 x 125,0 cm zu;

die Seitenkanten und den Saum wie beim karierten Stoffteil arbeiten.

Für den Bund einen 10,0 x 140,0 cm großen Streifen aus dem roten Stoff zuschneiden und an den Enden säumen.

Das Stoffteil mit weißen Blättern links auf rechts, an der Oberkante bündig, auf das karierte Teil legen und über die Breite ausmitteln. Den Bund rechts auf rechts und ausgemittelt an die Oberkante der Schürzenteile stecken und festnähen. Die lose Bundkante über die Naht auf die Rückseite schlagen. Die Nahtzugabe einschlagen und festnähen.

Für die Bindebänder einen 6,0 x 280,0 cm großen Streifen zuschneiden und in der Klapptechnik arbeiten. Das Band durch den Bund ziehen und ausmitteln. Für die Taschen vier quergestreifte 21,5 x 23,5 cm große Rechtecke aus dem gestreiften Stoff zuschneiden. Jeweils zwei Teile aufeinander legen und bis auf eine Öffnung rundum zusammennähen. Die Taschen wenden und die Öffnung schließen.

Schablone für den kleinen Löffel nach Vorlage auf Seite 62 arbeiten. Jeweils ein Löffelmotiv auf die Taschen applizieren. Dann die Taschen füßchenbreit aufnähen.

Perfekt

wird Ihre Schürze, wenn Sie beim Nähen der Säume und Biesen nicht unbedingt auf die Maßangaben achten, sondern sich am Musterverlauf der Stoffe orientieren.

Stuhlkissen mit Schleifen, 40 x 40 cm

Schneiden Sie pro Kissen für die Schleifenbänder zwei 20,0 cm breite Streifen über die gesamte Stoffbreite aus dem roten Stoff mit weißen Blättern zu. Arbeiten Sie die Bänder in der Klapptechnik.

Für eine Kissenhülle ein 41,5 x 41,5 cm großes Quadrat aus kariertem Stoff zuschneiden. Für das Rückteil zwei Zuschnittteile entsprechend dem gewünschten Verschluss zuschneiden. (Es empfiehlt sich ein Leistenverschluss ohne Knöpfe.) Die Schleifenbänder in der Mitte längsseits einmal fächerförmig falten. An dieser Stelle die Bänder über die Breite im Bruch legen, sodass Sie zwei Schleifenenden erhalten. Beim Fertigstellen der Kissenhülle die Bruchkanten rechts und links an der hinteren Naht einschieben und mitnähen.

Weihnachten

Material

- Karierter Stoff, rot/natur
- Gestreifter Stoff, rot/natur
- Uni-Stoff, rot
- Stoff, natur mit
  Goldsternen
  z.B. Westfalenstoffe AG
- Stickvlies
- Vliesofix
  z.B. Freudenberg
- Baumwollnähgarn,
  rot und natur
  z.B. Amann
- Goldkordel
- Karton für Schablonen

Zwei Unterdecken, à 146 x 300 cm

Sie benötigen vom Stoff mit Sternen zweimal 300,0 cm über die gesamte Stoffbreite; rechnen Sie die Saumzugabe noch hinzu. Jede Decke rundum säumen, auch an der Webkante. Bei einem runden oder quadratischen Tisch die Decken zum Dekorieren über Kreuz auflegen.

Mitteldecke mit Karorand, 130 x 130 cm

Vom karierten Stoff ein 140,0 x 140,0 cm großes Quadrat zuschneiden. Arbeiten Sie Briefecken wie im Kapitel „Technik & Material" (Seite 9) beschrieben; bügeln Sie den Saumeinschlag nur ein. Vom Stoff mit Sternen ein 128,0 x 128,0 cm großes Quadrat zuschneiden. Dieses mittig auf das karierte Quadrat legen und die Kanten am eingebügelten Saum unterschieben. Die Saumeinschlagkante rundum mit Zierstichen (von Hand) aufnähen.

Perfekt
wird Ihre Decke, wenn Sie den karierten Stoff flach auf den Fußboden legen, das Stoffquadrat mit den Sternen mittig einlegen, in kurzen Abständen mit Stecknadeln fixieren und dann die Zierstiche arbeiten.

Gestreifte Landhausdecke, 140 x 142 cm

Schneiden Sie die im Folgenden aufgeführten Stoffe über die gesamte Stoffbreite zu:

Gestreifter Stoff	35,0 cm
Stoff in Rot	10,0 cm
Stoff mit Goldsternen	10,0 cm
Karierter Stoff	40,5 cm
Stoff mit Goldsternen	10,0 cm
Stoff in Rot	10,0 cm
Gestreifter Stoff	35,0 cm

In dieser Reihenfolge alle Streifen aneinander nähen. Die Nahtzugaben in eine Richtung bügeln und absteppen. Die Webkanten abschneiden, sodass Sie eine Zuschnittbreite von 143,5 cm erhalten. Ein 141,5 x 143,5 cm großes Rechteck aus dem gestreiften Stoff schneiden und die Decke damit verstürzen. Danach die Kanten rundum füßchenbreit absteppen.

Husse aus zwei Stoffbahnen

Schneiden Sie für die Schleifenbänder aus dem Stoff mit Sternen zwei 21,5 cm breite Streifen über die gesamte Stoffbreite zu.
Außerdem benötigen Sie jeweils ein Rechteck von 63,5 x 138,5 cm und 85,0 x 205,0 cm aus dem karierten Stoff. Arbeiten Sie beide Schleifenbänder und Stoffbahnen in der Klapptechnik.

Legen Sie zuerst die kleinere Stoffbahn quer über den Sitz, dann die größere Stoffbahn über Stuhllehne und Sitz. Am unteren Ende der Lehne jeweils ein Schleifenband vor und ein Schleifenband hinter die Lehne legen und seitlich dekorative Schleifen binden.

Servietten

Schneiden Sie pro Serviette ein 50,0 x 50,0 cm
großes Quadrat aus dem roten Stoff zu. Arbeiten
Sie Briefecken mit einem Saumeinschlag von
4,5 cm. Nähen Sie die Einschlagkante mit einem
Zierstich fest.

Geschenksäckchen mit Herz

Ein Rechteck von 40,0 x 34,0 cm aus dem Stoff
mit Sternen zuschneiden. Bereiten Sie einen
3 cm breiten Tunnel aus kariertem Stoff vor und
steppen Sie ihn 4,5 cm unterhalb der Oberkante
des Säckchenstoffes auf; dabei einen Abstand
von 3,0 cm zu den Seitenkanten halten. Das
Herzmotiv freihand auf Vliesofix aufzeichnen und
aus dem karierten Stoff vorbereiten. Applizieren
Sie es auf ein ausreichend großes, rotes Stoffteil.
Danach die Kanten des roten Stoffteils in leicht
gewellter Form zuschneiden und das Ganze im
Satinstich auf den Säckchenstoff applizieren. Im
Abstand von einer Steppfußbreite eine Umrandung ebenfalls im Satinstich arbeiten; verwenden
Sie dazu rotes Nähgarn.

Den Säckchenstoff seitlich im Bruch auflegen
und die Seitennaht sowie die Bodennaht
schließen. Nähen Sie nun noch ein Innenfutter in
gleicher Größe aus rotem Stoff. Beide Säckchen-
teile ineinander stecken. Obere Ränder nach
innen schlagen und zusammensteppen. Zuletzt
die Goldkordel in den Tunnel einziehen.

Geschenksäckchen mit Tannenbaum

Aus dem Stoff mit Sternen ein Rechteck von
45,0 x 68,0 cm zuschneiden. Darauf einen Tunnel
wie oben beschrieben aufnähen. Ein längsgestreiftes, an den Kanten leicht gewelltes Rechteck zuschneiden und mit rotem Nähgarn auf den
Säckchenstoff applizieren.

Das Tannenbaummotiv freihand auf Vliesofix aufzeichnen und aus kariertem Stoff vorbereiten.
Das Motiv mit naturfarbigem Garn so applizieren,

etwas breiter. So bekommt die Applikation eine plastische Wirkung. Das Säckchen fertigstellen.

Geschenksäckchen mit Sternen

Für die Sterne eine Schablone nach eigener Zeichnung anfertigen. Danach für den unteren Teil des Säckchens ein quergestreiftes Rechteck von 47,0 x 90,0 cm zuschneiden und an die Oberkante ein 15,0 x 90,0 cm großes, längsgestreiftes Stoffrechteck der Länge nach an das größere Teil ansetzen. Die Sternmotive aus dem Stoff mit Sternen vorbereiten und mit rotem Garn applizieren. Das Säckchen fertigstellen. Zuletzt noch eine Schleife aus kariertem Stoff in der Klapptechnik nähen und das Säckchen damit zubinden.

dass die rechte untere Zweigspitze des Baumes an der Satinstichnaht des gestreiften Stoffteils übersteht. Das Säckchen wie oben beschrieben fertigstellen.

Geschenksäckchen mit Äpfeln

Für Äpfel und Blätter jeweils eine Schablone nach eigener Vorzeichnung anfertigen. Vom karierten Stoff ein 52,0 x 84,0 cm großes Rechteck zuschneiden. Darauf einen Tunnel wie oben beschrieben aufnähen. Die Äpfel und Blätter in unterschiedlichen Stoffkombinationen mit rotem Nähgarn applizieren und die Stiele maschinell aufsticken. Arbeiten Sie dann eine leicht gewellte Umrandung im Satinstich mit naturfarbigem Garn. Arbeiten Sie dann erneut zwei Umrandungen und stellen Sie dabei den Stich jedesmal

Perfekt

werden Ihre Geschenksäckchen, wenn Sie immer wieder neue Stoffkombinationen wählen. Arbeiten Sie den Tunnel bei größeren Säckchen etwas breiter und halten Sie auch einen größeren Abstand zur Oberkante. Bei kleineren Säckchen den Tunnel etwas schmaler gestalten und einen kürzeren Abstand halten. Dekorieren Sie Ihre Überraschungssäckchen mit verschiedenen Schleifen.

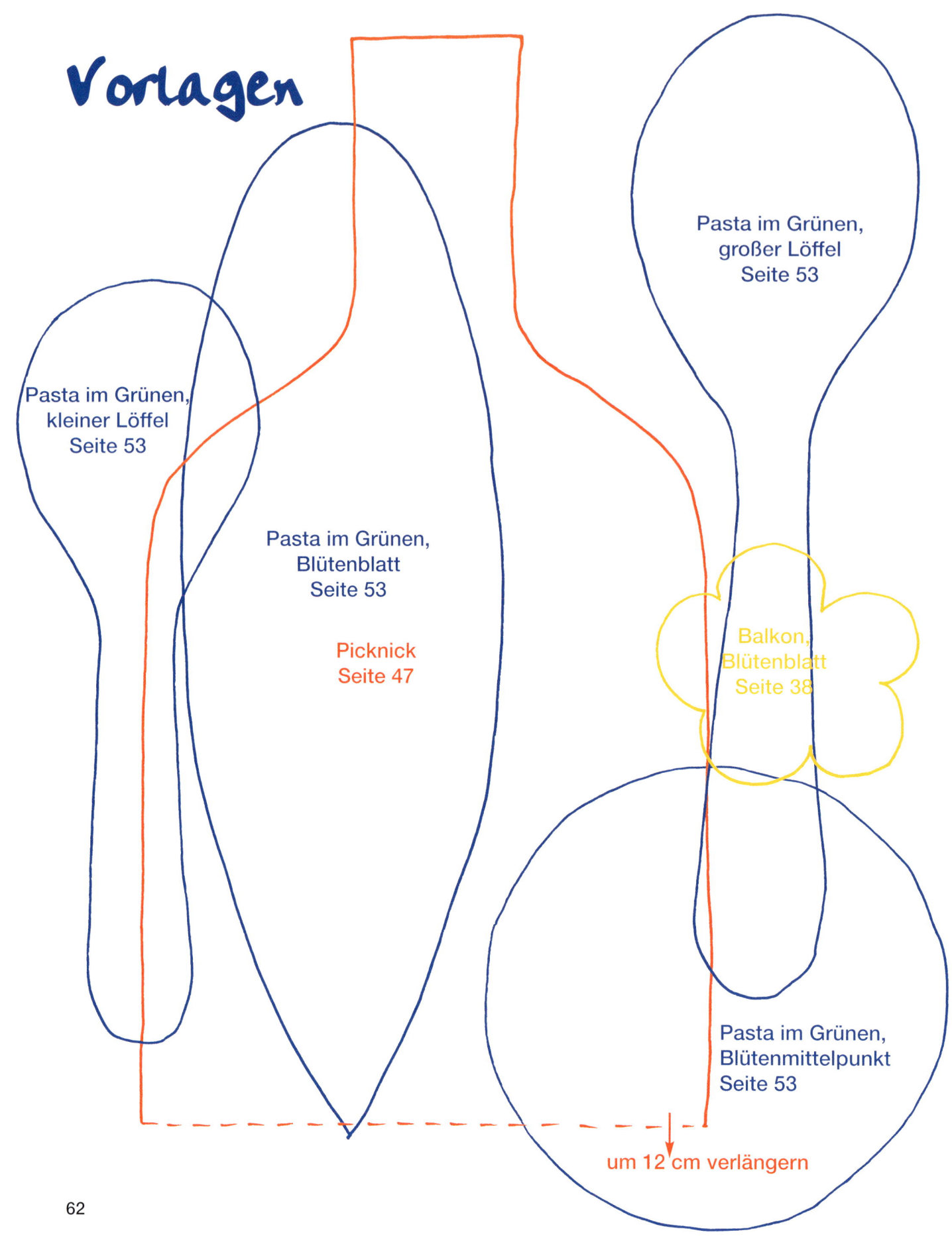

Vorlagen

Pasta im Grünen,
großer Löffel
Seite 53

Pasta im Grünen,
kleiner Löffel
Seite 53

Pasta im Grünen,
Blütenblatt
Seite 53

Picknick
Seite 47

Balkon,
Blütenblatt
Seite 38

Pasta im Grünen,
Blütenmittelpunkt
Seite 53

um 12 cm verlängern

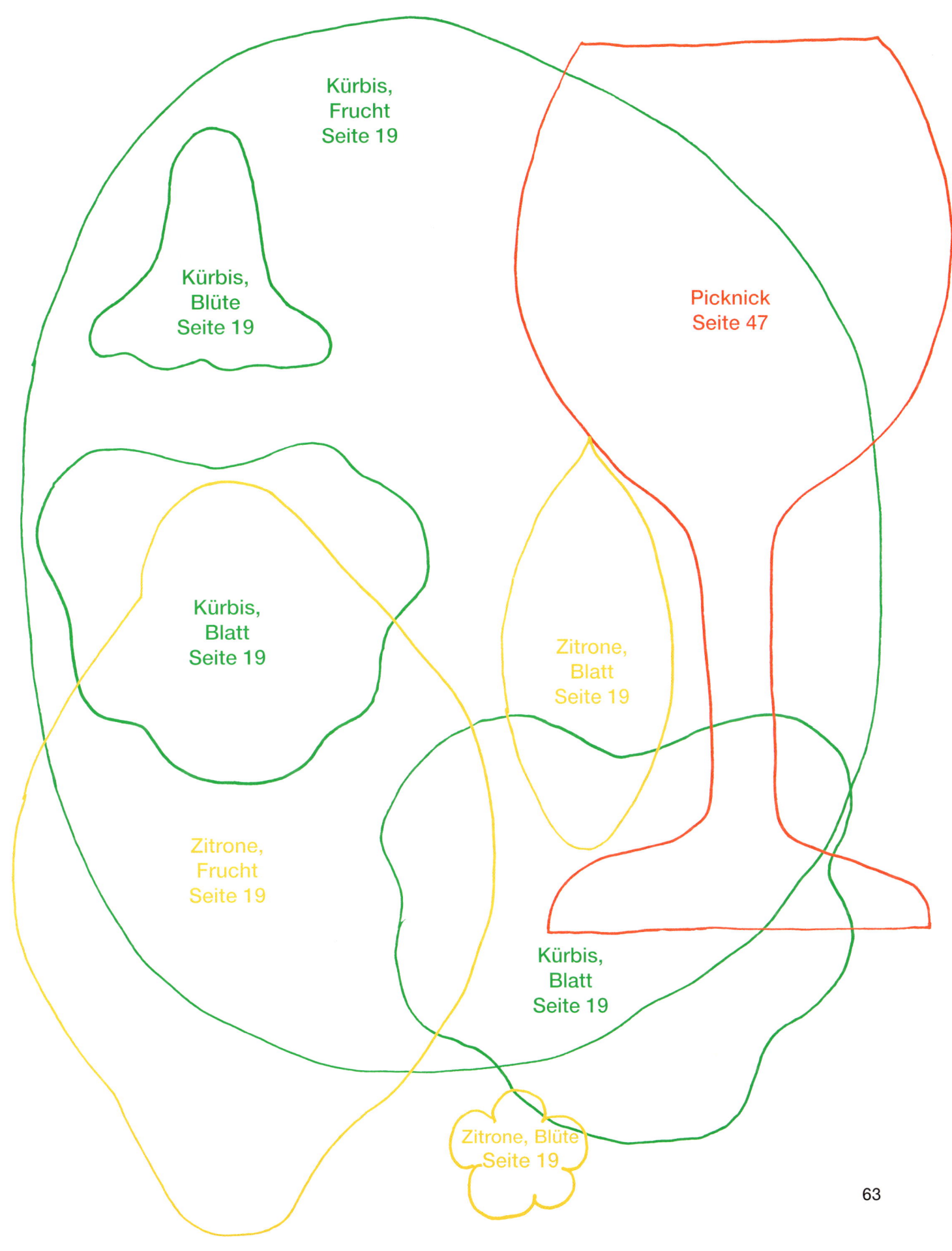

Kürbis,
Frucht
Seite 19

Kürbis,
Blüte
Seite 19

Picknick
Seite 47

Kürbis,
Blatt
Seite 19

Zitrone,
Blatt
Seite 19

Zitrone,
Frucht
Seite 19

Kürbis,
Blatt
Seite 19

Zitrone, Blüte
Seite 19

Bezugsquellen

Westfalenstoffe AG
Albrecht-Thaer-Str. 2
48147 Münster

Freudenberg Vliesstoffe AG
69456 Weinheim

Prym Consumer GmbH & Co. KG
52220 Stolberg

Amann HandelsGmbH
Christian-Heinrich-Müller-Str. 32
89165 Dietenheim

Pfaff AG
Gritznerstr. 11
76227 Karlsruhe

Impressum

Die Deutsche Bibliothek - CIP-Einheitsaufnahme

Nähen im Landhausstil: Einfache Ideen für drinnen und draußen / Monika Löhnert. -

München: Augustus-Verl., 2000

ISBN 3-8043-0781-7

Die im Buch veröffentlichten Ratschläge wurden von Verfasserin und Verlag sorgfältig erarbeitet und geprüft. Eine Garantie kann dennoch nicht übernommen werden. Ebenso ist eine Haftung der Verfasserin bzw. des Verlages und seiner Beauftragten für Personen-, Sach- und Vermögensschäden ausgeschlossen.
Jede gewerbliche Nutzung der Arbeiten und Entwürfe ist nur mit Genehmigung von Verfasserin und Verlag gestattet.

Bei der Anwendung im Unterricht und in Kursen ist auf dieses Buch hinzuweisen.

Fotografie: Klaus Lipa, Diedorf bei Augsburg
Lektorat: Renate Moog, Stephanskirchen
Umschlagkonzeption: Kontrapunkt, Kopenhagen
Layout und Satz: Petra Pawletko, Augsburg
Gesetzt aus: Neue Helvetica Roman 10/15 Punkt
Herstellung und Umschlaglayout: Charmaine Müller

Augustus Verlag München 2000
© Weltbild Ratgeber Verlage GmbH & Co. KG

Reproduktion: Repro Mayr, Donauwörth
Druck und Bindung: Appl, Wemding

Gedruckt auf 120 g umweltfreundlich elementar chlorfrei gebleichtes Papier.

ISBN 3-8043-0781-7